祈願‧發願‧還願

Praying, Making and Fulfilling a Vow

法鼓文化編輯部——選編

編者序　好願滿人間

這本小冊子是以祈願、發願與還願為主題，它的編輯動機也是來自於一個願望：願大家都能發一個好願，願大家都能藉由祈願、發願而找到人生的方向，藉由還願發揮自己的潛能。

其實我們在日常生活中常常祈願、發願，只是有時是不自覺的，如果能意識到它的存在，意識到它的重要，便能產生願力，讓一己的祈願變成為眾生祈福的發願，並透過行願，圓滿願望。

一般人都會為自己祈求好願，但不一定會發廣大菩提心的大願，或為救度利益眾生而「發願」。發願到底有多重要？如果不去思索，或許很難發現。

靜靜環顧生活周遭，身邊的一切好像是理所當然的存在，我們從不懷疑它為什麼會在那裡，也不擔心它會不會憑空消失。同時我們也發現有些人，將一生心力投注於某一件事，但這件事似乎與現實生活沒有關聯，看不出它的價值。我們能生活在如此和諧美好、資源豐沛的世界，其實並非憑空而來，正是這些有願心的人默默努力，發願以自己的生命燃亮世界的希望，我們才能享有如此美滿的生活。

是什麼讓他們這場無止盡的接力賽持續下去？是生命的主動承擔，那份主動承擔，就是「發願的願力」。

世間很多事都是因大眾發願而延續的，包括文化的傳承、科學的發明，以佛教來說，何嘗不是如此？我們生在華文地區，佛教經典隨手可得，但若回溯其歷史，才知得來並不容易。佛教創始於二千五百年前的佛陀，之後經由古今無數的祖師大德，一個接一個立下誓願，燈燈相續，才使佛法常住在世。

我們都是生命長河中的一點，都處身同一時代，可以結合眾人的力量，共願共行。所以，發願不僅能讓我們找到生命的方向，肯定生命的意義，並且匯入綿綿密密的歷史長河中，發揮生命最大的力量，感受最真的喜悅。這就是發願的意義和價值。

本冊內容一共分為四篇，第一篇收錄了六篇聖嚴法師以「發願」為主題的開示，希望大家在發願之前先建立正確的發願、還願的態度，才能產生相應的力量，並確實實踐它。

第二篇介紹法鼓山上的「三佛・三觀音・一鐘」。法鼓山上的每一尊聖像除了有佛教本身的涵義外，背後還有聖嚴法師、法鼓山全體信眾，以及所有認同法鼓山理念的人的共同心願；不論留不留名，每一個人的背後，也都有自己的發願故事。可見發願並非遙不可及，不是佛菩薩或祖師大德才能發大願，而是每一個人都能共同成就的。

第三篇為實用方法篇，提供您具體發願、還願的方式，讓您能夠廣發好願，讓社會透過願力的祝福，更加祥和幸福。

最後一篇則選錄了諸佛菩薩的願文，因為諸佛菩薩無我無私的精神，是所有願的根本，近可做為我們效法的指南，遠可做為我們嚮往的典範。

全冊的編排從理論到實踐，從佛菩薩到個人，一層一層、一步一步，希望能帶領大家進入發願的世界，然後在祈願、發願、還願中，讓我們的世界更美好，成為真正的人間淨土。

法鼓文化編輯部　謹識

目錄

第一篇

聖嚴法師帶您祈願・發願・還願——聖嚴法師

第二篇

三佛・三觀音・一鐘

第三篇

有願必成

第四篇

與佛同心同願

第一篇

聖嚴法師帶您祈願・發願・還願

聖嚴法師

發願與發誓

佛教徒常常「發願」，一般人則常常「發誓」，那麼發願與發誓的意思到底相不相同？

「誓」和「願」都是一種希望、一種承諾，譬如說青年男女互訂終身，男孩說非她不娶，女孩說非君不嫁，這是山盟海誓，可以說發誓，也可以說許願。有時，誓、願兩字也會連在一起用，稱為「誓願」，像是在中國隋朝時，天台宗的慧思禪師曾寫過一篇〈發誓願文〉，也有人稱〈立誓願文〉，內容就是在說明他要如何修行，如何使自己的身心清淨，並且發願盡形壽推廣佛法。

發願都是發好願，但「發誓」不一定都是發好的誓言，譬如有的人發誓說，某某人那麼壞，這一生如果不把他殺了，我誓不為人；或是，如果這一生殺不了他，那我下一生即使做鬼，也不放過他。還有人發誓要自殺，抱著必死的決心，即使被救起來，還是會再自殺。這些發的都是毒誓、惡誓。另外，有的人為了要完成理想，也不管這個目標多麼困難，或根本沒有達成的希望，就發誓說，我不成功便成仁，如果做不到，那我也不用活了。雖然他的目的是好的，但他發誓的內容卻過於偏激，這也是一種惡誓。

因此，惡誓、毒誓就和發願不同了，不論是發願還是許願，所想的一定都是好願，所以，誓和願還是有不一樣的地方。

不過，許願對一般人來說，不外是希望發財、陞官、考試及格，或者是希望完成某一個私人的心願。這些雖然也是願，但都是小願，是自私自利的願。

真正的修行人、真正的佛教徒，是「不為自己求安樂，但願眾生得離苦」，就像地藏菩薩的發願「地獄不空，誓不成佛」，還有藥師佛的十二願、阿彌陀佛的四十八願、普賢菩薩的十大願，這些都是為眾生、為他人、為無盡期的未來，所許下的一個大願。

凡是大乘的佛教徒，因為希望能學習佛菩薩精神，所以都會發〈四弘誓願〉，即「眾生無邊誓願度，煩惱無盡誓願斷，法門無量誓願學，佛道無上誓願成」。〈四弘誓願〉是學佛基本的願，是以度眾生為目的，因為要度眾生就要先斷自己的煩惱，所以想要度眾生、斷煩惱，就要修學佛法；度眾生是慈悲，斷煩惱是智慧，慈悲和智慧究竟完成的時候，就是成佛。成佛的願是廣大的，與個人為了成就自己而許下的願，完全不同。

誓與願有相通的地方，也有不一樣的地方；發誓有好的，也有不好的，而發願一定是好的。我們一般人發的誓多是毒誓、惡誓，發的願則多是自私的小願。如果僅僅是發小願、自私自利的願，你得到的利益不僅是暫時的，而且是非常微小的。我希望諸位能夠發菩薩的願、發成佛的願、發度眾生的誓、發利益他人的誓，為了成就他人，一定要先成長自己，最後獲得最多利益的一定是你自己。

為什麼要發願？

我們每一個人來到世間，都是為了完成兩大任務：一是為了償債與收帳而受苦受樂；二是為了還願與發願而盡心盡力。

我們在過去的無量世中，造作了很多惡業及少許善業，所以今生受報，雖然有樂有苦，通常是苦多樂少。我們在過去的無量世中，許過不少的善願，所以今生有許多機會讓我們還願。然而不論如何艱難困擾，還願是慈悲和智慧的實踐，也是自動自發、樂在其中的修行。

還願與受報都要面臨苦難，但還願時的受苦受難，是慈悲喜捨的菩薩心行，不同於受報時的有苦有難，是愁怨恐懼的煩惱障礙。

受報是被動的、等待的，所以有許多期待與憂懼。而愁怨恐懼是來自於人不斷貪求的習性，總覺得一定有一個比現在更好的東西，如果得不到就煩惱不已；可是一旦得到時，卻又恐懼失去，或者再度落入追求的輪迴中。而發願是一種把握當下、不計得失地奉獻付出，是一種直下承擔，所以你的心不會總是在衡量自我利益中猶疑掙扎、上下起伏，而是甘願地、平穩地歡喜承擔。

因此，發願不但可以說是一種生活的態度，更可以說是生命的方向。很多人以為生命的方向是要朝向賺錢、當大官或多讀幾個博士才有價值，其實讓自己的身心能夠安定健康，讓社會大眾能夠平安幸福，才是人生的大方向。

我們在受報及還願的今生中，如果能少造惡業、多發悲願，便是福智雙行、自利利人，如此既能提昇自我的人品，也能淨化人間的社會。這便是我們為什麼要發願的最主要原因。

我們所處的這個時代環境，如果以物質生活的條件而言，比起二十世紀的前期，已經富足了數倍，可是我們大家並沒有得到更多的平安和幸福，甚至也找不到生命的安全感及生活的安定力。這是因為人心浮動不安，社會價值觀混淆不清，大家盲目地追求財富、成功、名望、權勢，甚至追求放縱的快樂，以致自己和環境發生矛盾衝突，內心也失去了平衡。許多人都主張和平，卻在高喊和平口號的同時，暗地裡製造衝突及戰爭。因此，我們處在這充滿矛盾的時代，更應該要透過發願來安定自己與世界。

以我個人來說，因少小失學，深知教育的重要，所以曾說：「今天不辦教育，佛教就沒有明天。」因此，我興辦了像佛研所這樣的佛教高等教育單位。而現在我更要說：「不辦以心靈環保為重點的教育，不用等到明天，世間的大災難已在接連著出現了！」所以，我繼而發願興辦法鼓大學。然而興辦一所大學所需的資源很多，難免會遇到許多現實的阻礙，但因為我有願心，所以能夠一一跨越，並尋求因緣來助成。

因此，希望大家不但自己要發願，也要勸勉他人發願，不論是一人滿一願，還是多人滿一願，願願都是為給自己一個難得的機會，願願都是為後代子孫留下一個大好的希望，願願都是為我們的未來播種無量的福田，願願都是圓滿救人救世的無盡大願。

佛教徒如何發願？

每個人的一生都應該要發清淨的願、遠大的願，而不要發愚蠢的願、不切實際的願，佛教徒當然也不例外，但佛教徒更應該要發願以佛法來成就他人、成就自己。

以我個人來說，我十五、六歲時，就知道佛法相當好，可惜知道的人很少、誤解的人太多。其實佛法是非常有用的，可是因為很多人都將它解釋成一種玄理或者迷信，反而失去了佛法原有的價值。如果將佛教誤解為迷信，淪為一般的民間信仰，就抹滅了佛法與世法不共的智慧；若成為玄理，淪為高談闊論，那又完全脫離實際生活，對我們的心理、生理健康毫無幫助。

因此，我發了一個願：我能夠懂多少佛法，就告訴他人多少；用我的口、用我的筆，用一般人都能理解的方式，將佛法的好告訴大家。我並不奢望我說出來或寫出來以後，所有的人都覺得很有道理、都能認同，因為願意接受我的人有多少，是我沒有辦法控制的事。

我不會想，要把全中國的人都變成佛教徒，把全世界幾分之幾的人變成佛教徒；或是幾年以後，我要完成多少大願、收多少高徒。如果那樣想，是狂想、是做夢，因為這些因緣都不是自己能夠掌控的。

所以，一個人願意聽也好，兩、三個人，五、六個人願意聽，我也歡喜；人多也好，人少也好；一切看因緣，也就是隨緣。但隨緣並不是被動地等待因緣，反而是主動地促成因緣，只是不去擔心和煩惱因緣可以促成多少。

對在家居士來說，每一個人都有家庭、有父母、有親戚朋友，還有一起工作的同伴，其實我們不需要影響太多人，從身邊的人影響起即可。我們可以發願：我願所有和我一起生活的人，都可以過得很幸福愉快；我願用盡一切方式讓他們身心健康、沒有煩惱；我願盡自己最大的力量來為他們奉獻。我想這些願，每個人應該都可以做得到。

不要以為這個願好像只在自己的周圍繞圈圈，就覺得這些願不大。這個願雖然小，卻是大願的基礎。照顧好自己的小家庭，是菩薩行的基礎；如果能再擴大一些，以一切眾生的煩惱為家，擔負起「如來家業」，那就是更深廣的菩薩行願了。

所以，我們不能以實質的東西或數量來衡量願的大小，例如別人布施一百萬，那我就要發願布施一千萬。同樣地，在發願時，也不要陷入數字、數量的框框中，否則框框過大，那會變成一個遙不可及的夢，流於狂想、空想；框框過小，則又局限了各種可能性，又流於個人的小願。

人不要被框框局限，但要有大方向，從人道、天道、解脫道、菩薩道到佛道，層層超越。從近而遠、從小而大、從微而著，有次第、有彈性地不斷進步，這才是佛教徒標準的發願方法和心態。

做為一個佛教徒，狂想不能有，但宏願不能沒有。或許自己人微言輕，沒辦法登高一呼使得萬山相應，但還是要有為社會奉獻、希望影響整體社會的大願心。

如何發大願？

人在年輕的時候，總是滿懷理想壯志，期許自己的人生要有大格局、大視野，還要發大願，實踐人生的價值。但是到了中年、到了老年，卻發現自己一個願望也沒有達成。究竟人的一生該如何發願才能落實，而怎樣的願才是大願呢？

年輕人因為不知道天高地厚，對自己的能力也不清楚，既想要做這樣、也想要做那樣，總認為自己的未來是無限的。

因此以為別人能夠做的，自己也一定能夠做得到；別人不能做的，自己可以挑戰出一番大事業來。所以，志向非常遠大，對自我的期許也非常高。然而，對自己沒有深切了解而設想的未來，其實是非常不切實際的，就像是一場遙遠的夢。

所謂人要有大志、有大願，不是說一定要完成一樁什麼大事業，或者什麼具體的大目標。因為要達成這些目標，還需要許多因緣配合，是可遇不可求的，如果執意以此為目標，無異是緣木求魚。例如有人發願這一生一定要做大老闆，雖然自己很有才能，但如果缺乏資金、時機等因緣條件配合，事業也不一定能成功。

「願」應當是一個人生的大方向，希望自己這一生能朝正面的路走，不要走向負面。正面是什麼？就是願這一生能以慈悲對待別人，不要自私自利；願這一生能以智慧對待自己，不要常常起煩惱；願這一生能踏踏實實地走，不要三心兩意或是好高騖遠。

在這個方向之下，對外，我們不會做出對社會、家人無益的事；對內，不會做出損壞自己健康、傷害自己心靈的事，也不會自討苦吃、自投羅網、自我作繭。凡事想得開、看得透，把握機會，積極努力；沒有機會就要製造機會，並提昇自己的才能、見識、技術，盡量地學習。

人的一生，從出生到死亡就是一個學習的過程，遇到的每一次經驗都是學習的機會，即使失敗也是一樣。所以，不要把失敗當成是一種抬不起頭來的丟臉事情。如果自己已經看準了，已經有了計畫、有了認識，結果還是跌倒，那就表示自己先前並沒有確實認清這條路；但如果是走路不小心，或是山上突然掉下一塊石頭打到你，那是意外，非人力所能控制。失敗的原因很多，不要因為暫時的失敗就以為此路不通，小心一點，或是稍微修正一下，還是可以達成的，而且走一步就實現一步。重點是不要往黑暗面走，不要取巧、不要讓他人受損失。取巧而讓別人受損失，就像拿石頭砸自己的腳，最後遭殃的一定是自己。

所謂的發大願，不是要做大人物、做大事或賺大錢，而是要為他人多設想。為社會、為國家、為全體眾生，自己受一點損失沒有關係；受損失的同時，其實是一種成就、一種奉獻，是值得的。但也不要做無謂的犧牲，或沒有意義的冒險，這是非常愚蠢的事。

不要發空願

我們常常聽人許願說：「我希望、我想要、我願意……。」然而卻忘了「願」是一種對生命的承諾，最重要的是要實踐它。然而「說」總是比「做」容易，因此常常有人說了一大堆，卻完成不了多少，這就叫作「發空願」。

雖然說有發願總比沒發願好，但若發了願，卻沒有辦法實踐，還是要捫心自問，是不是自欺欺人？如果明知做不到，或根本不想做，卻還要發願，那就是欺騙。但如果是目標很遠、很難做到，但自己還是想做，也願意一步一步地往前走，那就沒有關係。

例如佛教教大家發學做菩薩的願、發成佛的願，但成佛、做菩薩的願非常廣大，不能立竿見影，必須將累世所做的一點一滴的好事，所求的一點一滴的善法，所做的一點一滴的布施，通通滙歸到成佛這條路上，所以要在此生成佛是不太可能的。雖然如此，大家還是要發成佛的願，因為如果發了願，就算是種了善根，就好像一顆種子，遲早會發芽，因為已經有一點引子在那裡了。而且因為你曾經發了願，也願意有一天能夠做到，你就會慢慢地實踐它，總有一天會實現的。

但如果你心中認為，我根本沒有想要成佛，也沒有想要做菩薩，成佛、做菩薩跟我一點關係也沒有，連發這個願的心都沒有，那麼你根本就不會產生任何力量，激勵自己往成佛之路邁進，所以也永遠都不會有成佛的機會了。

另外，有的人擔心如果做不到所發的願，會犯了欺騙罪或妄語罪，所以乾脆不要發願。其實這要看情況，也就是要看你發願的目的是什麼？例如你允諾他人說：「我發願要做菩薩，我發願要賺錢來布施大眾、護持佛法，所以你先幫忙我，提供我資源，等我成功以後，一定會報答你的。」如果你這樣說的目的是為了取得別人的信任，以得到別人的財富，那就是犯了欺騙罪和妄語罪；相反地，如果你心中並沒有欺騙的意念，但說了卻沒能力做到，那就沒有關係。

例如你發願想學插花，因為學會後，不僅自己可以欣賞，也可以美化環境，帶給別人好心情，真是一舉數得。可是到最後都沒有去學，但因為沒有傷害到人或是讓人受到損失，所以沒關係。

發願除了不能心存欺騙外，也要避免發不切實際的願，做不合常理、根本不可能實現的事。像是發願要把一堆沙子煮成熟飯，沙子要如何煮成飯呢？這就是不可能的事。

記得有一位居士，他每次見到我，都說等他將來有了錢，一定要供養我、護持我的弘法事業，然而一次一次都沒有辦法實踐。我相信他的初發心絕對沒有問題，但如果經過那麼多次，還是沒有辦法實現，那就要考慮自己的能力來修正這個願，而且願的大小也不在實質數量的多寡，能有這個心才是可貴的。

所以，最重要的是發願的動機，不要擔心做不到，因為有願才會有前進的力量；但若發的是不切實際的願，或是心存欺騙，那就是不該有的行為了。

如何還願？

現代人的物質生活雖然非常富裕，但是有很多人卻覺得活得很痛苦、很無奈、很茫然，常常會疑惑：「既然活著那麼痛苦，我為什麼還要來到這世上？來到這世上的目的究竟是什麼？」會有這些疑惑，是因為不了解人生目的與人生意義的關係。

人生的目的是許願和還願，人生的意義是盡責和負責。許願是我們過去許的願，這輩子還要再來許願；還願則是過去許的願，還未實踐的、還未兌現的，我們這一生來還願。

一般人從小就有許多夢想、許多心願，但夢想歸夢想，長大以後是否能夠實現，那是另外一回事了。記得我小時候，因為家裡很窮，我媽媽常常為了沒有足夠的錢給我們買衣服穿、買東西吃，覺得很對不起我們。當時，我就許了一個願，我說：「媽，沒有關係，我們現在窮一點，等我長大以後，我一定要賺很多很多的錢，專門給媽媽用。」可是一直到現在為止，我始終沒有實現這個願望。

那麼我要如何彌補這樣一個遺憾呢？只有以奉獻一切給眾生來報答父母的恩惠。如果我們許的願無法在當時實現，甚至到最後都沒有辦法如願，那就幫助其他的人、做對社會有益的事，以此表示對父母的紀念或懷念，這就叫作還願。還願不是為佛裝金身，或捐多少香油錢，而是要實踐所許的願，如果已經無法對那個對象還願，那麼你就用另外一種方式來彌補自己沒有實現的願。

其實許願、還願並不是佛教徒的專利，只要是人，對未來都會有一種期許和希望，常常會想：「如果我可以……，我一定……；如果我能……，我願……。」這就是一種許願。所以，人只要希望有前途、只要認為前面有路可走，一定會有自己的志願和期待。而如果你的願心不僅僅是為自己，也為他人謀福，那會更好、更有價值。

既然你許了願就應該實現，所以許願的目的，就是要你為了還願不斷地努力；努力以後，還要不斷許願，然後在還願、許願之間，你的人品就會不斷提昇。

同樣地，在一生當中，我們扮演許多不同的角色。在家裡，你是個母親，也是一個太太；在公司裡，你可能既是下屬，也是上司；在學校裡，你可能既是老師，也是學生。每一個人同時都扮演了許多角色，而每一個角色都有它的責任，所以你有許多的責任。通常人只要一想到責任，就比較能自我約束，而不會做壞事。因此，西方人有一種觀念，他們認為，單身的人不如有家室的人可靠。這是因為有家室的人責任較大，責任感也就較重，當然這不能以一概全，但是身分的確能讓我們想起自己該負的責任。

負責任是一種健康的心態，是一種良好的觀念。一個不負責任的人，心理不會健康，也不會活得很愉快。如果能夠常常存著許願、還願、盡責、負責、感恩、奉獻的念頭，那麼你的人生一定活得非常有意義，而且非常有價值。

妙
法
蓮

第二篇

三佛・三觀音・一鐘

繪圖／劉建志

三寶佛

位置

三寶佛包括本師釋迦牟尼佛、西方阿彌陀佛和東方藥師佛，供奉於法鼓山第一大樓六樓的大殿。大殿是法鼓山的精神中心，正門上方掛有聖嚴法師親題的「本來面目」匾，指出法鼓山傳承的基本精神。而端坐在須彌座上的三寶佛，簡單質樸。期許來到大殿禮佛、修行的人，透過三寶佛莊嚴的法相，安定身心，領悟佛的慈悲願力，探索自己的本來面目。

造像緣起

三寶佛的塑造從一九九六年開始，歷經十年、四任雕塑家，最後才由具有雕塑佛像近二十年經驗的謝毓文居士挑大樑。在塑像過程中，聖嚴法師指出大殿佛像，是以「融合隋唐恢弘的佛像風格及當代臺灣的本地特色」為目標。經過佛像專案小組成員多方努力，後恰逢法鼓山將流失在外的阿閦佛佛首送回中國大陸山東神通寺四門塔的因緣，讓聖嚴法師興起以此為模本的靈感，於是便在法師的指示下，以四門塔阿閦佛為基準，再增加其他創意，終於塑出獨具法鼓山特色的三寶佛。

造像特色

位於大殿中心的三寶佛，以青銅雕塑，中央是釋迦牟尼佛，右尊為東方藥師佛，左尊則為西方阿彌陀佛，下坐正方型須彌座，後襯舟形背光，整體造型質樸莊嚴，極具視覺震撼力，令人目不暫捨，十分攝受。

三尊法相雖然相同，但所持手印不同：釋迦牟尼佛右手結說法印，左手則是持定印；藥師佛右手為與願印，左手則是持定印；阿彌陀佛則是雙手結法界定印；表現出三尊佛不同的悲願和德行。

而佛像最值一書的，即巧妙融合隋、唐佛像風格及臺灣本地特色。前者展現在佛像的面容、姿態、衣袍紋飾上，譬如肉髻高突、髻上布滿螺狀髮紋，袈裟與內袍以繩結相繫；還有佛面圓滿、額頭寬廣、五官適中，以及寬廣的雙肩、結實的胸膛、結跏趺坐的穩重，這都是唐朝佛像藝術的造像特色，因此烘托出佛像恢弘的氣勢與流暢的美感。

而臺灣的本地特色則表現在須彌座上的浮雕。每一尊佛像的須彌座各有四方浮雕，三尊共有十二幅，這十二幅全是以山水、生態為主題，但是分布其間、徜徉其中的，如寬尾鳳蝶、藍腹鷴、梅花鹿、水筆仔等，全是臺灣原生的保育類動、植物。藉此祈願臺灣能成為各種生物和平共處的人間淨土，而每一位眾生都能在此聆聽佛法。這不但極具意義，栩栩如生的生態圖也非常具有藝術的價值。

此外，在三尊佛像的佛身中，還裝藏了由知名書法家及信眾發心手鈔的大乘經典。這是在安座前發起的鈔經活動，經過一年的時間，終於由五十位發心菩薩分別完成了七十七卷手鈔經本，今全數置於佛身中。這不但讓每一位有心人都能參與法鼓山的建設，也使大殿除了三寶佛外，也具足了佛、法、僧三寶。

法門行願

釋迦牟尼佛是娑婆世界的教主，悟道後，遊化人間四十年，廣轉法輪；阿彌陀佛雖為西方極樂世界的教主，但也鼓勵人們在生前廣修功德，以累積淨土資糧；而東方琉璃世界教主藥師佛，則是助人延年益壽、健康平安的佛；三尊佛都不離人間，不捨眾生地救濟苦難，以達清淨的彼岸。

法鼓山「提昇人的品質，建設人間淨土」的理念，就是三寶佛思想的再現，而在這個理念下所建設的法鼓山世界佛教教育園區，可說就是人間淨土的示範區。因此，當您來到這裡禮敬三寶佛時，別忘了細細體會當下自心的清涼，並將這份清涼帶回生活中，讓人間就從您開始成為一片淨土。

釋迦牟尼佛

位置

釋迦牟尼佛供奉於禪堂中，禪堂是法鼓山的禪修中心，大門上方掛著「選佛場」三字。「選佛場」是指將佛心從煩惱心之中選出的場所。禪堂位於大殿後方，是一處靜謐禪修勝地。會將禪堂設置在此，還有一個小故事。當它還是雜樹林時，一日，聖嚴法師到此勘地時，立即感受到四周的寧靜。恰巧樹林裡有塊大石，便往石上一坐，身心頓時感受到無比的安定，一時忘卻時空，聖嚴法師當下便確定以此為禪堂之所在。

而這份安定和寧靜，勢必會在釋迦牟尼佛的看顧下，以及禪眾們精進的修行下，不斷延續，就如禪堂內殿懸掛之「傳燈會」匾所傳達的意義。

繪圖／劉建志

造像緣起

此尊釋迦牟尼佛是臺灣一代石雕藝術大師林聰惠的遺作，原為大殿三寶佛而塑，沒想到在第一尊佛像即將完成之際，林居士即因病辭世，最後由他的學生魏永賢、向光華、鄧善琪、陳宗吾四人合力整修完成，但因只完成一座，所以便改置禪堂，而三寶佛也不得不另覓他作了。

當初為了雕塑佛像，林居士耗費了相當大的心血，光是尋找石材，就多次前往緬甸，前後共歷時六年時間；而為了切割石頭初胚，還住在高溫酷暑的緬甸石頭山長達四十餘天，期間的辛苦奔波，可以想見。

造像特色

供奉於禪堂的釋迦牟尼佛，全身晶瑩潔白，故有「玉佛」之稱。佛像端身正坐，右手結說法印，左手持定印，頂上有圓形光輪，上有浮雕蓮花，象徵佛陀的光明與智慧。佛座為十六瓣仰蓮式蓮座，穩固而典雅。

整體造型單純、簡潔、自然，在渾然天成的氣韻中，又散發出一種溫潤的質感，充分傳達佛陀的寬容與慈悲。

法門行願

悉達多太子看盡人生的生、老、病、死四苦後，發願出家修道，以救濟眾生的輪迴之苦。但歷經了六年苦行，仍然不能解脫生死煩惱。身心俱疲的悉達多太子，終於放棄苦行，並在尼連禪河畔接受了牧羊女的乳糜供養。恢復體力後，見到一棵繁茂的菩提樹，便用草在樹下敷成座位，面向東方，雙腿結成跏趺，發大誓願：「我今若不證無上大菩提，寧可碎此身，終不起此座。」經過四十九天的禪坐，克服了身心內外的一切魔障，終於悟得緣起的真理，證得無上菩提。

人總是習慣趨樂避苦，為追求欲望的滿足，不斷向外馳逐；而學佛是人品的淨化與提昇，與我們的習性相反，所以在學佛的過程中，會有許多障礙要克服、誘惑要跨越，才能持續於佛道上精進不懈。或許這對我們來說不太容易，但只要想到佛陀為眾生堅持誓願的精神，就能時時回到初發心，激勵自己勇敢面對。

佛陀是由人成道的典範，學佛就是要學習佛陀的願心、願力。因此，當我們感到沮喪、挫折時，不妨想一想佛陀行願的精神，為自己重新點亮心燈。

繪圖／劉建志

藥師古佛

位置

藥師古佛安座於藥師古佛迴環步道，曹源溪南岸的山坡上。藥師古佛迴環步道因通往藥師古佛與藥王園而得名，是法鼓山九條步道之一。步道隱身林間，蜿蜒而上，但聞潺潺水聲、朗朗人語，卻不見溪流、人影，感覺特別寧靜。而藥王園中栽種了許多法鼓山的原生藥草，藥師古佛則一派安詳地矗立在旁，好似細心顧守著園中藥草，園中藥草在古佛的守護下，似乎也長得特別翠綠、特別有精神！

造像緣起

藥師古佛是一尊仿北魏風格的清代石雕佛，在二〇〇〇年前後，由一位不願具名的信眾所捐贈。由於藥師古佛的石身材質，很自然地與藥王園區的植物及四周的竹林融為一體，所以很多人都以為，這座巨佛在法鼓山開山前就已經放置在那裡了。其實，這是聖嚴法師經過長時間的選擇、思考才決定的，當初為了將古佛搬遷至此，還頗費一番工夫。而今古佛坐落的地點，正與大殿的釋迦牟尼佛、阿彌陀佛和藥師佛遙遙相望，彷彿是一場海會雲集，而法鼓山人間淨土置身在此佛國淨土中，彼此呼應。

造像特色

藥師古佛高兩公尺，雙手持定印，端身跏趺安坐於桂竹林的環抱中。因仿北魏時期雲岡石窟大佛的雕刻手法，所以具有南北朝時期雄厚、樸毅的造像風格；而自然垂放的雙臂，平坦寬闊的胸膛，呈現出一種浩然開闊的氣概，彷彿能承擔眾生一切的痛苦煩惱。

此外，在面部造型上，有著高高的肉髻，細細的長眉，寬扁方圓的面相上有著垂至雙肩的大耳，特殊的比例，營造出一種古拙的趣味，再加上微微浮起的笑容，神態自在安詳，顯得相當平易近人，因此常吸引信眾駐足徘徊，虔敬禮拜。

藥王園願心

從闢林整地開始，聖嚴法師就一直強調，要保護山上原始生態的每一種生物，不能為了工程而改變地貌，造成各種生物的毀滅及遷移。除了不破壞外，由於當中有些植物需要靠復育來增植保護，於是便成立了藥王園。

藥王園不僅符合法鼓山「四環」中「自然環保」的觀念，也具有自然教育的意義，而其中的點點滴滴又傳達了「心靈環保」的精神。這樣的用心，使藥王園猶如《阿彌陀經》中所描寫的西方淨土般，一草一木都在念佛、念法、念僧。所以當您駐足藥王園時，可別只忙著認識藥草，不妨仔細聆聽它們在告訴您什麼？

法門行願

藥師佛過去世行菩薩道時，曾發十二大願，願為眾生解除疾苦，使眾生現世即得利益安樂，增福延壽、消災免難，修行少障礙。所以眾生視藥師佛如藥王，亦如醫王，應病給藥、消災延壽，藥師佛也因此而受到廣泛的崇信。

而藥師法門的具體修持方法，包括持「南無消災延壽藥師佛」聖號、〈藥師灌頂真言〉，亦可讀誦《藥師經》，還有供養、禮拜等。

不過，不論災難的發生或幸福的來臨都是有因有果的；善因的結果是富貴長壽，惡業的結果則是災難病厄；因此，消災延生的最好辦法，還是要回到自身來為善去惡。所以，不論我們採用哪一種修持方法，一定要有誠心，藉由懺悔、發願的力量，來轉變自己的行為；行為轉變了，結果也會跟著改變，自然也就能消災延生了。

開山觀音

位置

開山觀音供奉於開山觀音公園，四周修竹環繞，儼然是一座露天聖殿。公園位於大殿後方的山丘平台上，沿大殿左後側的開山觀音步道走，即可抵達。這裡不但是法鼓山的最高點，也是正中心點。而開山觀音深坐蓮心、居高臨下，彷彿俯瞰著法鼓山全山，也照護法鼓山整體，更加深了法鼓山觀音道場的意涵。

繪圖／劉建志

造像緣起

開山觀音是法鼓山最早的一尊觀音菩薩像，早在一九八五年法鼓山闢建之前，此尊觀音即由全度法師發心塑造，供奉於法鼓山的前身——金恩寺大殿中。它的原始造像是以玻璃纖維材質塑成，但由於製材老舊，無法久存，聖嚴法師有感於此尊觀音見證了法鼓山篳路藍縷的創建歷程，於是依原比例重新翻塑成銅像，並命名為「開山觀音」，以紀念這段開山因緣。

造像特色

開山觀音跏趺坐於蓮座，頭戴化佛冠、頂披頭巾，垂及雙肩，前胸飾瓔珞，衣袖、下裳褶紋厚重繁複。左手握著淨瓶，右手輕持楊柳枝，象徵以甘露滋潤大地眾生。

開山觀音的造像風格主要是沿襲明、清時代普陀山式的觀音，臉型寬而厚，身型沉穩端正，裝飾華麗細緻，因此在法鼓山的佛像群中，是較特別的一座，也反映了三十年前對觀音法相的審美觀。

法門行願

對法鼓山而言，這尊開山觀音具有特別的意義。一九八九年，全度法師於此尊觀音像前誦持〈大悲咒〉，祈願能有一位福德、智慧、悲願兼具的大德高僧承續法務，廣演佛法。幾乎在同一時間，聖嚴法師亦領眾在北投的農禪寺，持誦〈大悲咒〉，希望能早日覓得道場建地，以化解當時農禪寺土地即將被徵收的困境。觀音菩薩彷彿聽到雙方虔誠的祈願，在奇妙的感應下，成就法鼓山不可思議的開山因緣。

誦持〈大悲咒〉是觀音法門之一，在中國特別流行。據經中記載，持此神咒，即使是十惡五逆，極惡、極重的罪障都能冰消瓦解；而且，無論持咒者祈求什麼，願心俱能圓滿，從個人的遠離病難，長壽豐饒，乃至於圓成佛道，都能滿願。而法鼓山覓地因緣的成就，可以說是一個最好的明證。

此外，觀音法門中還有「大悲懺」，與〈大悲咒〉係出同源，皆出自《大悲心陀羅尼經》。由於聖嚴法師與觀音菩薩的因緣甚深，年輕時，更藉由日日拜大悲懺，來跨過一段段人生的困厄與障礙，這也是為什麼法鼓山每個月都會舉行大悲懺法會的原因。而懺法最重要的就是運用真誠的懺悔來洗滌、淨化自己的內心，如果能把懺法的精神活用在日常生活中，時時念起觀音的慈悲與安忍，我們將能逐漸柔軟自己的身心。

祈願觀音

位置

　　祈願觀音供奉在法鼓山接待大廳的祈願觀音殿，是每位參訪者必經之處。會做這樣的安排，是因為法鼓山由觀音的感應而創立，為了使參訪信眾一進入法鼓山，馬上就能看見觀音、向觀音祈求，所以特別在此規畫了觀音殿。在觀音殿前，還設有祈願觀音池，希望大眾所求皆能滿願。

繪圖／劉建志

造像緣起

祈願觀音的形象是聖嚴法師於定中所見，由佛像專案小組成員依法師所述為藍圖，擬過多次畫稿，由謝毓文居士做成泥塑初胚，再由果梵法師繪像後鑄造而成。

而祈願觀音這個名詞，是聖嚴法師所命名。因觀音菩薩是大慈大悲、救苦救難的大菩薩，不分你我、有求必應，只要發願請觀音菩薩救濟，觀音菩薩一定會如願救濟眾生，因此取名為「祈願觀音」。另一方面，也是希望藉由參訪信眾的祈禱、發願，能讓社會多一份平安，讓世界少一些苦難。

造像特色

祈願觀音的造型屬唐代風格，三層高聳的寶髻，眼眉細長的秀麗五官，簡單的瓔珞掛飾，再以披帛斜披兩肩，加上半跏垂一足、一手上舉、一手置膝的自在坐姿，好似山西太原天龍山的菩薩像。

這樣的造型有很深的涵義：右腳著地，象徵隨時準備接引眾生；微傾著頭，垂目微笑，則似靜靜聆聽眾生的煩惱和願望；左手持淨瓶，右手隨眾生演說佛法，彷彿是聽見人們的聲音，灑下慈悲甘露，使人們洗淨塵垢、遠離煩惱。儘管觀音傾聽每一位眾生願望，拔除世間苦難，但他的表情卻永遠是清新、自在，意謂觀音菩薩任何時候都能自在化世。

而此造像最特殊的，就是水流的運用。觀音像的後牆是一片大玻璃窗，窗外是垂直的水幕牆，玻璃窗下內外皆是水池；祈願觀音端坐於池中海島，象徵南海普陀觀音，手執傾瀉的淨瓶，不斷湧出甘露，普化眾生。

法門行願

觀音菩薩可說是與娑婆眾生最具因緣的菩薩，人們只要感到恐懼、害怕，或遇急難時，都會自然而然持誦觀音聖號，如同溺水時的救命舟筏。

在觀音菩薩的相關經典中，最為人熟知的是《法華經．觀世音菩薩普門品》。經中觀音聞聲救苦，一切有情眾生的種種聲音，不論是苦、樂、悲、喜都能剎那聽聞，並普遍地施以救拔；即使眾生不知向誰求救，觀音菩薩也能以「心聞」，了了遍知。顯示出「普門」——普遍大開慈悲之門的意義，也顯現觀音菩薩的「大悲心」。

而觀音菩薩能聞聲救苦，與他修持耳根圓通法門深有關係。耳根圓通的修持方法出自《楞嚴經．觀世音菩薩耳根圓通章》，介紹觀音菩薩如何觀照聲音剎那生滅，領悟空性智慧。

祈願觀音殿由外而內懸有三方匾額，分別是「觀世自在」、「大悲心起」、「入流亡所」，包含了觀音菩薩的所有行願。我們雖然不能聞聲救苦，也沒有千百億化身，仍能學習他的精神，隨時隨地幫助身邊需要幫助的人。

繪圖／劉建志

來迎觀音

位置

來迎觀音露天安座在來迎觀音公園，從法鼓山大停車場下車，遠遠便能看到來迎觀音屹立在「象鼻山」上，掩映在蓊鬱的山林間。此時只要沿著臨溪朝山步道上山，過龍溪，再接來迎觀音步道，就能抵達。由於此像安座在山上，地理位置稍高，大眾昂首仰望觀音，觀音彷如從藍天白雲中翩然降臨，前來迎接每一位參訪的人士。

來迎觀音是進入法鼓山園區後，見到的第一尊聖像，其造型的原創者是聖嚴法師，他曾多次於禪定中見到此尊法相，從天空飄然來迎。依法師口述，首先由畫家繪製成圖，再請雕塑家塑成立體，經過無數次的修正，才完成此一高八公尺的來迎觀音銅像，聳峙於法鼓山的象鼻山上。

造像緣起

來迎觀音造型的原型是來自聖嚴法師於定中所見，再參酌其他佛像資料，才逐漸成型。

由於聖嚴法師定中所見的觀音菩薩，其神情就像一位許久不見孩子的慈母，以無比的慈悲，親切迎接孩子歸來；也像是一位因孩子迷途而時時憶念的慈母，以無比的毅力尋找孩子回來；因為迎子的喜悅、尋子的熱切，所以命名為「來迎觀音」。

來迎有歡迎、接引的意思，「來迎觀音」即是歡迎所有相信觀音願力的眾生，也主動來到人間接引眾生。因此不論是善人或惡人，不論信或不信仰觀音，只要誠心希望得到觀音的救助，觀音隨時隨地都會以妙化身出現在我們身旁，讓人平安、脫離苦惱，表現出觀音菩薩的慈悲與願力。

造像特色

來迎觀音為青銅鑄造，造型取材於宋朝的觀音造像，頭戴寶冠、髮絲垂肩，胸前配有瓔珞飾物，頗似四川大足石窟的數珠手觀音。

而為了生動傳達「來迎」的寓意，來迎觀音採取立姿站在蓮花座上，衣帶微微飄動，一腳往前，另一腳則略抬腳跟在後，有輕移的動感，表現出遊化人間的意涵。這種具有動態感的造型，過去並不多見，成為來迎觀音最大的特色，也成為法鼓山的新地標。

法門行願

《心經》雖然只有二百六十字，卻直接道出佛法的思想核心，也涵蓋了各種次第的修行要訣，至深至廣，可說是最精要的佛教概論。

「觀自在」是觀音菩薩的別稱，而只要把觀音法門修行圓滿，就不會對外境產生執著，而能達到像觀音菩薩一樣觀世自在的境界。《心經》的觀音法門是直契佛智，究竟、解脫、自在的法門看似不容易修學，但其實可以從我們日常生活中的起心動念，逐步體察運用。所以，我們可以先從建立佛法的觀念入手，並時時提醒自己在生活中實踐，效法觀音的自在、不執著；久而久之，一定也能體會到佛法真諦，成為一個自利利他的人間菩薩。

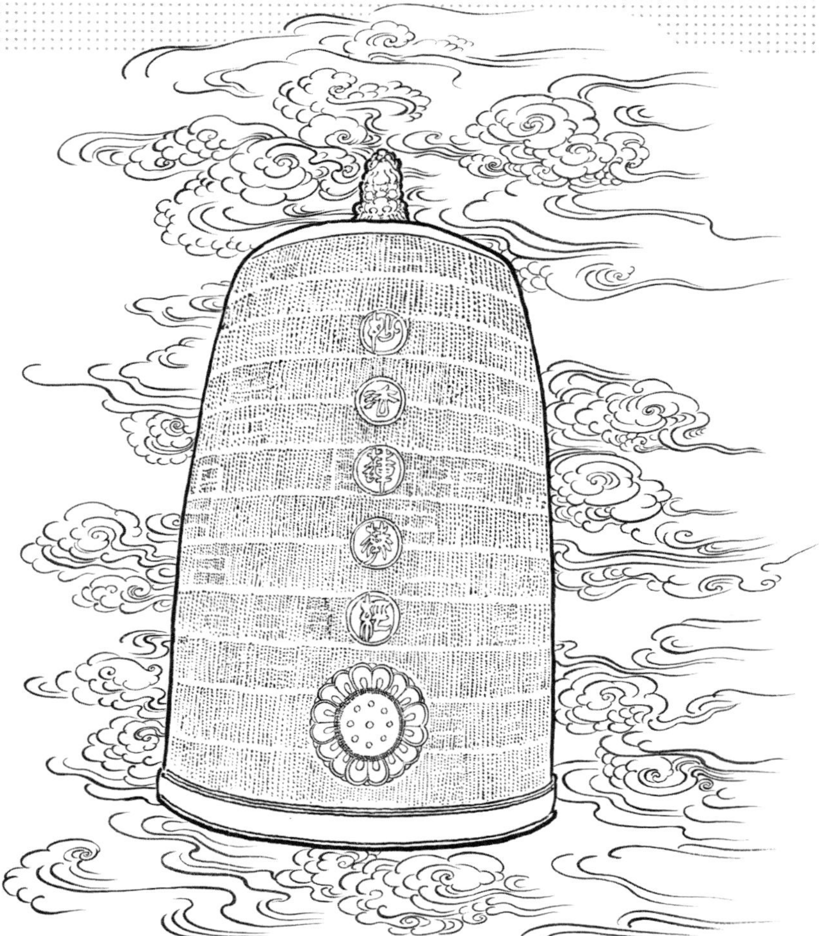

繪圖／劉建志

法華鐘

位置

法華鐘坐落在法鼓山園區鐘山的半山腰上；進入懸掛著「觀音道場」的三門後，沿著法印路往上走，穿過法華二橋，即可抵達法華公園，看見法華鐘樓。法華鐘樓一共有三段二十八層的石階，以此象徵著《法華經》二十八品，以及「會三乘歸一乘」的法華要義。拾級而上，莊嚴神聖的氛圍，攝受人心。在鐘樓上，有書法家曾安田題字的「經中之王」，以及「法華鐘鳴眾聖涌現，靈山勝會今猶未散」的匾額，點出大乘法華的精神，而揮灑自如的筆墨，則與法華鐘的恢弘氣勢相互輝映。

造像緣起

一九八九年春天，聖嚴法師第一次到法鼓山現址勘地時，就發現左方山崗狀如一面鼓，右側山峰形似一座鐘，於是分別命名為「鼓山」和「鐘山」。「鼓山」意寓敲擊法鼓，至於「鐘山」，則是要發出滌淨塵俗的清淨鐘聲，聖嚴法師在那時，當下便希望能鑄一口可以敲響法音的大鐘。

因《法華經》是漢傳佛教最重要的經典之一，有「經中之王」的稱號，而法鼓山的核心精神、理念，又與《法華經》思想有著深厚的淵源，於是便選擇《法華經》做為鐘上的銘文，並在二〇〇三年二月成立法華鐘專案小組，開始了籌備工作。

為了鑄造這口當前世界上最大的法華鐘，專案小組曾分別尋訪了中、日、韓多家鑄造公司，歷經一年多的詳細評比，最後決定委請有百年鑄造經驗的日本老子製作所承製。二〇〇五年四月八日，臺灣與日本兩地同步舉行法華法會，進行最關鍵的灌銅作業；同年八月，聖嚴法師親赴日本，為首次撞鐘慎重地進行測試與勘驗。二〇〇六年一月，鑄造完成的法華鐘，在隆重的法會中被迎請回法鼓山；十二月二十三日，法華鐘樓完成，法華鐘正式落成啟用，也成為法鼓山的鎮山之寶。

造像特色

法華鐘仿唐式造型，鐘形渾厚飽滿，氣勢宏偉，整體風格非常古樸典雅。鐘體內外鐫刻了一整部的《法華經》和〈大悲咒〉，共七〇一五二字。其中經題是知名書法名家杜忠誥所書，經文則採用故宮藏本元代僧人元浩手鈔之《法華經》；此外，還有畫家鄧承恩所繪之《多寶塔雙佛並坐圖》，這是出自《法華經》中的〈見寶塔品〉，可謂融合了古今名家的書法和繪畫藝術，是一件深具當代佛教藝術特色的創作。而鐘上銘文字字清晰，一筆一畫均維持〇．二五公分的陽刻高度，細緻精巧，也可說是傳統工藝與現代科技的完美結合。

法華鐘不僅是一項精美的藝術品，更重要的是，它具有豐富深刻的象徵意義。即如聖嚴法師所說：「聽聞法華鐘聲，等於聽聞一部《法華經》；禮拜法華鐘，如同誦念、禮拜一部《法華經》和一卷〈大悲咒〉。」能時時與諸大菩薩參與佛陀宣說法華要義的靈山勝會。

法門行願

法鼓山的命名源於《法華經．化城喻品》中「擊於大法鼓，度無量眾生」的譬喻，目的是期許大家要擔負起弘揚正法、振聾發聵的菩薩道精神；所要實現的，也是如同經中所說的，是不捨一切眾生，具有包容性及消融性的救濟思想。

當今多元化時代與社會最需要的，就是大家和諧共處、互相幫助、共同成長的精神，即是法華行願的實踐。法華鐘的設立是一種標誌，更需要我們用生命去實踐，讓《法華經》不斷被演說，讓靈山勝會永不停息。

第三篇

有願必成

祈願的方法

在閱讀佛教經典或祖師大德的傳記時，我們內心往往有一份無法言喻的感動，希望效法他們發大願的精神，但卻不知該如何開口？該如何發願？

其實願隨時隨地都可以發，並不一定要按照某一種儀軌或步驟，當念頭生起的當下，願便隨之發出。只是發願可貴的地方在於實踐，如果只是口頭說說或心中興起一個念頭，很快地，就會如輕煙般消失；反之，若在法會中或佛像前，則可引領我們進入某種情境與氛圍，產生與願望相應的心靈力量，即使遇到挫折，也會產生超越的勇氣。

一、願的種類

願有很多種，可以為自己祈願，也可以為別人許願；有「有漏」的願，也有「無漏」的願。「漏」是「煩惱」的意思，簡單地說，以有所得的態度來發願，就是有漏的；以無所得的態度來發願，則是無漏的。但發願最好是為別人，而且不要想一定要得到什麼具體的回報，這樣我們在發願的當下，心境就能轉化，變得開朗起來。

佛教徒從學佛的一開始，就一定要發成佛的願、發〈四弘誓願〉，這稱為「通願」或「總願」。此外，還有「別願」，也就是佛菩薩個別立下的誓願，如：阿彌陀佛的四十八願、藥師佛的十二大願、普賢菩薩的十大願等。若您與某佛菩薩的願相應，您可以隨他的法門修行，或藉由參加特定性質的法會來祈願。譬如想祈願健康，即可修持藥師如來法門；想超度往生者，則可參加淨土懺等。這當中就包含了個人的心願。

二、發願的方式

發願可以個別在佛前發，也可以透過修行活動來發。

1—佛前禮拜發願

在佛前發願，通常是到寺院或佛堂，它的程序包括供養、禮拜、發願。供養的物品有香、燈、淨水、鮮花和素果，即使都沒有，僅有一顆誠心也很足夠。無論供養或禮拜都是表達對佛菩薩的崇敬，也表示對自己所發之願的重視。

至於發願文的說法：剛開始先報自己的法名（或名字），

例如先說弟子某某某，再說發願的內容，並祈求佛菩薩的慈悲加持，護佑三寶弟子能精進不懈，以圓滿所發之願，並願十方法界眾生離苦得樂，究竟圓滿。

2 — 法會中發願

透過修行活動的發願，則是在修行前，先確立修行的目的，不論是祈求現實或來世的利益，或是為了成就功德，都沒關係；也可以等修行活動圓滿後，再發願祈求自己所希望達成的願望。

修行活動包括平時個人的定課，如誦經、禪坐、念佛、持咒等，或是參加團體的精進共修和法會，如佛七、禪七、大悲懺法會、觀音法會、地藏法會等。一般修行活動儀軌的最後一項都是發願迴向，其中迴向眾生、三寶的通願是必要的，若有個人的別願，就在整個修行活動結束後，在佛前長跪默禱。

3 — 點燈祈願

而點燈是佛教最普遍的祈願方式，尤其是新春之際，很多寺院都會舉辦點燈的儀式。因為必須不分晝夜地持續燃燈，所以又稱為長明燈或無盡燈。為了因應現代生活方式，一般只要到寺院知客處表明點燈意願，登記好基本資料後就算完成。但在完成手續後，別忘了親自到大殿禮佛，在屈膝、禮拜的動作中，沉澱心情，發起虔敬的、利益他人的菩提願心。

其實燈只是願望的象徵，願望必須持續地實踐才能圓滿，猶如我們護持無盡燈一樣。而燈不僅能照破黑暗，也能一一引燃其他燭火，所以我們也要以祝福融化人間的冷漠，並從自己的周遭不斷擴散出去。

儀式只是幫助我們堅定願心，但是如果以為非要到佛前發願才算發願，那反而是一種執著，會失去當下發願的時機，就好像火種，還來不及點燃就熄滅了。

4—時時許好願

而發願的最高境界，是隨時隨地、沒有特定對象，盡虛空、遍法界的，只是一個單純的善念。就如《華嚴經．淨行品》中所述的一百四十一願，每一念都不離眾生，而且無論見到善的、惡的、汙穢的、清淨的，所生起的都是善念。這樣的善念是不為自己，且是不求回報的，因此，若能養成時時祈願、生起善念的習慣，就是最圓滿的大願。

三、還願的方式

發願一定要包括還願的過程，藉由修行的功德迴向，是佛教徒最普遍的還願方式。功德就是行善後所獲得的果報；迴向是把我們所獲得的功德，分享給我們所要分享的人，或想要成就的願望。

功德迴向雖然是一種還願的方式，但一般人經常以為，只要將功德迴向，或是單純仰仗佛力，就能諸事圓滿，其實最重要的，還是要親自去實踐。而且在實踐的時候，也應該抱著無所得的態度，就如《金剛經》上說：「若菩薩不住相布施，其福德不可思量。」可知任何的付出，不需太計較利益得失，沒有分別、目的的祈願，才是最珍貴的。

第四篇

與佛同心同願

阿彌陀佛四十八大願

編案

阿彌陀佛在成佛前，因見諸佛淨土不可思議，心生嚮往，因而發願成佛。但他不僅自己要成佛，也希望眾生成佛，於是發下四十八個願望，希望為眾生打造一個沒有煩惱、無比莊嚴的修學環境，而且只要是發願來的人，即使身犯重罪，臨終若能十念清淨，他都能以願力接引。阿彌陀佛就像慈父一般廣納眾生，就是因為他的包容與慈悲，我們才有一個快速契入修行的法門。

第一大願：設我得佛，國有地獄、餓鬼、畜生者，不取正覺。

第二大願：設我得佛，國中人天，壽終之後，復更三惡道者，不取正覺。

第三大願：設我得佛，國中人天，不悉真金色者，不取正覺。

第四大願：設我得佛，國中人天，形色不同，有好醜者，不取正覺。

第五大願：設我得佛，國中人天，不悉識宿命，下至知百千億那由他諸劫事者，不取正覺。

第六大願：設我得佛，國中人天，不得天眼，下至見百千億那由他諸佛國者，不取正覺。

第七大願：設我得佛，國中人天，不得天耳，下至聞百千億那由他諸佛所說，不悉受持者，不取正覺。

第八大願：設我得佛，國中人天，不得見他心智，下至知百千億那由他諸佛國中，眾生心念者，不取正覺。

第九大願：設我得佛，國中人天，不得神足，於一念頃，下至不能超過百千億那由他諸佛國者，不取正覺。

第十大願：設我得佛，國中人天，若起想念，貪計身者，不取正覺。

第十一大願：設我得佛，國中人天，不住定聚，必至滅度者，不取正覺。

第十二大願：設我得佛，光明有能限量，下至不照百千億那由他諸佛國者，不取正覺。

第十三大願：設我得佛，壽命有能限量，下至百千億那由他劫者，不取正覺。

第十四大願：設我得佛，國中聲聞，有能計量，乃至三千大千世界眾生緣覺，於百千劫，悉共計挍，知其數者，不取正覺。

第十五大願：設我得佛，國中人天，壽命無能限量，除其本願，脩短自在，若不爾者，不取正覺。

第十六大願：設我得佛，國中人天，乃至聞有不善名者，不取正覺。

第十七大願：設我得佛，十方世界，無量諸佛，不悉諮嗟稱我名者，不取正覺。

第十八大願：設我得佛，十方眾生，至心信樂，欲生我國，乃至十念，若不生者，不取正覺。唯除五逆，誹謗正法。

第十九大願：設我得佛，十方眾生，發菩提心，修諸功德，至心發願，欲生我國，臨壽終時，假令不與大眾圍遶現其人前者，不取正覺。

第二十大願：設我得佛，十方眾生，聞我名號，繫念我國，植諸德本，至心迴向，欲生我國，不果遂者，不取正覺。

第二十一大願：設我得佛，國中人天，不悉成滿三十二大人相者，不取正覺。

第二十二大願：設我得佛，他方佛土，諸菩薩眾，來生我國，究竟必至一生補處。除其本願，自在所化，為眾生故，被弘誓鎧，積累德本，度脫一切，遊諸佛國，修菩薩行，供養十方，諸佛如來，開化恆沙，無量眾生，使立無上正真之道，超出常倫諸地之行，現前修習普賢之德，若不爾者，不取正覺。

第二十三大願：設我得佛，國中菩薩，承佛神力供養諸佛，一食之頃不能遍至無量無數億那由他諸佛國者，不取正覺。

第二十四大願：設我得佛，國中菩薩，在諸佛前，現其德本，諸所求欲供養之具，若不如意者，不取正覺。

第二十五大願：設我得佛，國中菩薩，不能演說一切智者，不取正覺。

第二十六大願：設我得佛，國中菩薩，不得金剛那羅延身者，不取正覺。

第二十七大願：設我得佛，國中人天。一切萬物，嚴淨光麗，形色殊特，窮微極妙，無能稱量，其諸眾生，乃至逮得天眼，有能明了，辨其名數者，不取正覺。

第二十八大願：設我得佛，國中菩薩，乃至少功德者，不能知見其道場樹，無量光色，高四百萬里者，不取正覺。

第二十九大願：設我得佛，國中菩薩，若受讀經法，諷誦持說，而不得辯才智慧者，不取正覺。

第三十大願：設我得佛，國中菩薩，智慧辯才，若可限量者，不取正覺。

第三十一大願：設我得佛，國土清淨，皆悉照見十方一切無量無數不可思議諸佛世界，猶如明鏡，覩其面像，若不爾者，不取正覺。

第三十二大願：設我得佛，自地以上，至于虛空，宮殿樓觀，池流華樹，國土所有一切萬物，皆以無量雜寶，百千種香，而共合成，嚴飾奇妙，超諸人天。其香普熏十方世界，菩薩聞者，皆修佛行，若不爾者，不取正覺。

第三十三大願：設我得佛，十方無量不可思議諸佛世界眾生之類，蒙我光明，觸其體者，身心柔軟，超過人天，若不爾者，不取正覺。

第三十四大願：設我得佛，十方無量不可思議諸佛世界眾生之類，聞我名字，不得菩薩無生法忍、諸深總持者，不取正覺。

第三十五大願：設我得佛，十方無量不可思議諸佛世界，其有女人，聞我名字，歡喜信樂，發菩提心，厭惡女身，壽終之後，復為女像者，不取正覺。

第三十六大願：設我得佛，十方無量不可思議諸佛世界，諸菩薩眾，聞我名字，壽終之後，常修梵行，至成佛道，若不爾者，不取正覺。

第三十七大願：設我得佛，十方無量不可思議諸佛世界，諸天人民，聞我名字，五體投地，稽首作禮，歡喜信樂，修菩薩行。諸天世人，莫不致敬，若不爾者，不取正覺。

第三十八大願：設我得佛，國中人天，欲得衣服，隨念即至，如佛所讚，應法妙服，自然在身，若有裁縫、染治、浣濯者，不取正覺。

第三十九大願：設我得佛，國中人天，所受快樂，不如漏盡比丘者，不取正覺。

第四十大願：設我得佛，國中菩薩，隨意欲見十方無量嚴淨佛土，應時如願，於寶樹中，皆悉照見，猶如明鏡，覩其面像，若不爾者，不取正覺。

第四十一大願：設我得佛，他方國土，諸菩薩眾，聞我名字，至于得佛，諸根缺陋，不具足者，不取正覺。

第四十二大願：設我得佛，他方國土，諸菩薩眾，聞我名字，皆悉逮得清淨解脫三昧，住是三昧，一發意頃，供養無量不可思議諸佛世尊，而不失定意，若不爾者，不取正覺。

第四十三大願：設我得佛，他方國土，諸菩薩眾，聞我名字，壽終之後，生尊貴家，若不爾者，不取正覺。

第四十四大願：設我得佛，他方國土，諸菩薩眾，聞我名字，歡喜踊躍，修菩薩行，具足德本，若不爾者，不取正覺。

第四十五大願：設我得佛，他方國土，諸菩薩眾，聞我名字，皆悉逮得普等三昧，住是三昧，至于成佛，常見無量不可思議一切如來，若不爾者，不取正覺。

第四十六大願：設我得佛，國中菩薩，隨其志願，所欲聞法，自然得聞，若不爾者，不取正覺。

第四十七大願：設我得佛，他方國土，諸菩薩眾，聞我名字，不即得至不退轉者，不取正覺。

第四十八大願：設我得佛，他方國土，諸菩薩眾，聞我名字，不即得至第一、第二、第三法忍，於諸佛法，不能即得不退轉者，不取正覺。

（本文節錄自《無量壽經》）

藥師佛十二大願

—編案—

藥師佛在過去世修行時，因見世間人們不是為衣食奔波，就是為災病苦惱，不知人生所為何來，於是發十二大願，願眾生所求都能如意。這十二大願表面上都在滿足人們現世的渴望，但更深一層看，其實都是為了讓眾生沒有後顧之憂地好好修行，以明白人生的真諦。藥師佛從濟世入手，悲憫人生的苦難，是真正的大醫王。

第一大願：願我來世得阿耨多羅三藐三菩提時，自身光明熾然，照曜無量無數無邊世界，以三十二大丈夫相、八十隨好莊嚴其身，令一切有情如我無異。

第二大願：願我來世得菩提時，身如琉璃內外明徹，淨無瑕穢，光明廣大，功德巍巍，身善安住，焰網莊嚴，過於日月，幽冥眾生悉蒙開曉，隨意所趣，作諸事業。

第三大願：願我來世得菩提時，以無量無邊智慧方便，令諸有情皆得無盡所受用物，莫令眾生有所乏少。

第四大願：願我來世得菩提時，若諸有情行邪道者，悉令安住菩提道中。若行聲聞獨覺乘者，皆以大乘，而安立之。

第五大願：願我來世得菩提時，若有無量無邊有情於我法中修行梵行，一切皆令得不缺戒，具三聚戒。設有毀犯，聞我名已，還得清淨，不墮惡趣。

第六大願：願我來世得菩提時，若諸有情，其身下劣，諸根不具，醜陋頑愚，盲聾瘖瘂，攣躄背僂，白癩癲狂，種種病苦，聞我名已，一切皆得端正黠慧，諸根完具，無諸疾苦。

第七大願：願我來世得菩提時，若諸有情，眾病逼切，無救無歸，無醫無藥，無親無家，貧窮多苦，我之名號一經其耳，眾病悉得除，身心安樂，家屬資具悉皆豐足，乃至證得無上菩提。

第八大願：願我來世得菩提時，若有女人為女百惡之所逼惱，極生厭離，願捨女身，聞我名已，一切皆得轉女成男，具丈夫相，乃至證得無上菩提。

第九大願：願我來世得菩提時，令諸有情出魔羂網，解脫一切外道纏縛。若墮種種惡見稠林，皆當引攝置於正見，漸令修習諸菩薩行，速證無上正等菩提。

第十大願：願我來世得菩提時，若諸有情，王法所錄，縲縛鞭撻，繫閉牢獄或當刑戮，及餘無量災難凌辱，悲愁煎迫，身心受苦，若聞我名，以我福德威神力故，皆得解脫一切憂苦。

第十一大願：願我來世得菩提時，若諸有情，飢渴所惱，為求食故，造諸惡業，得聞我名專念受持。我當先以上妙飲食飽足其身，後以法味畢竟安樂，而建立之。

第十二大願：願我來世得菩提時，若諸有情，貧無衣服，蚊虻寒熱，晝夜逼惱，若聞我名專念受持，如其所好，即得種種上妙衣服，亦得一切寶莊嚴具，華鬘塗香，鼓樂眾伎，隨心所翫，皆令滿足。

（本文節錄自《藥師經》）

觀音菩薩大願

—編案—

觀音菩薩前生為王太子時，生性就相當慈悲，曾在佛前發願，只要眾生遭遇困難時稱念他的名字，他就會立刻現身救度。他不但能以心耳聽聞各種聲音，還能隨順眾生喜好化現各種身分，不論男女、老幼、貧富、貴賤，或是慈眉善目、怒目金剛，隨類化現。觀音菩薩放下自我，時時以眾生為念的慈悲，是我們行菩薩道的最佳典範。

南無大悲觀世音！願我速知一切法。
南無大悲觀世音！願我早得智慧眼。
南無大悲觀世音！願我速度一切眾。
南無大悲觀世音！願我早得善方便。
南無大悲觀世音！願我速乘般若船。
南無大悲觀世音！願我早得越苦海。
南無大悲觀世音！願我速得戒定道。
南無大悲觀世音！願我早登涅槃山。
南無大悲觀世音！願我速會無為舍。
南無大悲觀世音！願我早同法性身。
我若向刀山，刀山自摧折。

我若向火湯，火湯自枯竭。
我若向地獄，地獄自消滅。
我若向餓鬼，餓鬼自飽滿。
我若向修羅，惡心自調伏。
我若向畜生，自得大智慧。

（本文節錄自《大悲懺》）

〈淨行品〉

編案

打開〈淨行品〉，洋洋灑灑一百四十一個願便映入眼簾。這一百四十一個願是文殊菩薩所說，願願不離日常生活，也不離眾生，不但隨時隨地都能實踐，還能長養我們的慈悲心，而守護自己每一個念頭，也能防心散逸，培養定力，增加智慧。這就像法鼓山推動的「許好願、做好事、轉好運」運動，其實時時心存善念，就是行菩薩道最好的方法。

佛子！云何用心能獲一切勝妙功德？佛子！

菩薩在家，當願眾生，知家性空，免其逼迫。

孝事父母，當願眾生，善事於佛，護養一切。

妻子集會，當願眾生，怨親平等，永離貪著。

若得五欲，當願眾生，拔除欲箭，究竟安隱。

伎樂聚會，當願眾生，以法自娛，了伎非實。

若在宮室，當願眾生，入於聖地，永除穢欲。

著瓔珞時，當願眾生，捨諸偽飾，到真實處。

上昇樓閣，當願眾生，昇正法樓，徹見一切。

若有所施，當願眾生，一切能捨，心無愛著。

眾會聚集，當願眾生，捨眾聚法，成一切智。

若在厄難，當願眾生，隨意自在，所行無礙。
捨居家時，當願眾生，出家無礙，心得解脫。
入僧伽藍，當願眾生，演說種種，無乖諍法。
詣大小師，當願眾生，巧事師長，習行善法。
求請出家，當願眾生，得不退法，心無障礙。
脫去俗服，當願眾生，勤修善根，捨諸罪軛。
剃除鬚髮，當願眾生，永離煩惱，究竟寂滅。
著袈裟衣，當願眾生，心無所染，具大仙道。
正出家時，當願眾生，同佛出家，救護一切。
自歸於佛，當願眾生，紹隆佛種，發無上意。
自歸於法，當願眾生，深入經藏，智慧如海。

自歸於僧，當願眾生，統理大眾，一切無礙。
受學戒時，當願眾生，善學於戒，不作眾惡。
受闍梨教，當願眾生，具足威儀，所行真實。
受和尚教，當願眾生，入無生智，到無依處。
受具足戒，當願眾生，具諸方便，得最勝法。
若入堂宇，當願眾生，昇無上堂，安住不動。
若敷床座，當願眾生，開敷善法，見真實相。
正身端坐，當願眾生，坐菩提座，心無所著。
結跏趺坐，當願眾生，善根堅固，得不動地。
修行於地，當願眾生，以定伏心，究竟無餘。
若修於觀，當願眾生，見如實理，永無乖諍。

捨跏趺坐，當願眾生，觀諸行法，悉歸散滅。
下足住時，當願眾生，心得解脫，安住不動。
若舉於足，當願眾生，出生死海，具眾善法。
著下裙時，當願眾生，服諸善根，具足慚愧。
整衣束帶，當願眾生，檢束善根，不令散失。
若著上衣，當願眾生，獲勝善根，至法彼岸。
著僧伽梨，當願眾生，入第一位，得不動法。
手執楊枝，當願眾生，皆得妙法，究竟清淨。
嚼楊枝時，當願眾生，其心調淨，噬諸煩惱。
大小便時，當願眾生，棄貪瞋癡，蠲除罪法。
事訖就水，當願眾生，出世法中，速疾而往。

洗滌形穢，當願眾生，清淨調柔，畢竟無垢。
以水盥掌，當願眾生，得清淨手，受持佛法。
以水洗面，當願眾生，得淨法門，永無垢染。
手執錫杖，當願眾生，設大施會，示如實道。
執持應器，當願眾生，成就法器，受天人供。
發趾向道，當願眾生，趣佛所行，入無依處。
若在於道，當願眾生，能行佛道，向無餘法。
涉路而去，當願眾生，履淨法界，心無障礙。
見昇高路，當願眾生，永出三界，心無怯弱。
見趣下路，當願眾生，其心謙下，長佛善根。
見斜曲路，當願眾生，捨不正道，永除惡見。

若見直路，當願眾生，其心正直，無諂無誑。
見路多塵，當願眾生，遠離塵坌，獲清淨法。
見路無塵，當願眾生，常行大悲，其心潤澤。
若見險道，當願眾生，住正法界，離諸罪難。
若見眾會，當願眾生，說甚深法，一切和合。
若見大柱，當願眾生，離我諍心，無有忿恨。
若見叢林，當願眾生，諸天及人，所應敬禮。
若見高山，當願眾生，善根超出，無能至頂。
見棘刺樹，當願眾生，疾得翦除，三毒之刺。
見樹葉茂，當願眾生，以定解脫，而為蔭映。
若見華開，當願眾生，神通等法，如華開敷。

若見樹華，當願眾生，眾相如華，具三十二。
若見果實，當願眾生，獲最勝法，證菩提道。
若見大河，當願眾生，得預法流，入佛智海。
若見陂澤，當願眾生，疾悟諸佛，一味之法。
若見池沼，當願眾生，語業滿足，巧能演說。
若見汲井，當願眾生，具足辯才，演一切法。
若見涌泉，當願眾生，方便增長，善根無盡。
若見橋道，當願眾生，廣度一切，猶如橋梁。
若見流水，當願眾生，得善意欲，洗除惑垢。
見修園圃，當願眾生，五欲圃中，耘除愛草。
見無憂林，當願眾生，永離貪愛，不生憂怖。

若見園苑，當願眾生，勤修諸行，趣佛菩提。
見嚴飾人，當願眾生，三十二相，以為嚴好。
見無嚴飾，當願眾生，捨諸飾好，具頭陀行。
見樂著人，當願眾生，以法自娛，歡愛不捨。
見無樂著，當願眾生，有為事中，心無所樂。
見歡樂人，當願眾生，常得安樂，樂供養佛。
見苦惱人，當願眾生，獲根本智，滅除眾苦。
見無病人，當願眾生，入真實慧，永無病惱。
見疾病人，當願眾生，知身空寂，離乖諍法。
見端正人，當願眾生，於佛菩薩，常生淨信。
見醜陋人，當願眾生，於不善事，不生樂著。

見報恩人，當願眾生，於佛菩薩，能知恩德。
見背恩人，當願眾生，於有惡人，不加其報。
若見沙門，當願眾生，調柔寂靜，畢竟第一。
見婆羅門，當願眾生，永持梵行，離一切惡。
見苦行人，當願眾生，依於苦行，至究竟處。
見操行人，當願眾生，堅持志行，不捨佛道。
見著甲冑，當願眾生，常服善鎧，趣無師法。
見無鎧仗，當願眾生，永離一切，不善之業。
見論議人，當願眾生，於諸異論，悉能摧伏。
見正命人，當願眾生，得清淨命，不矯威儀。
若見於王，當願眾生，得為法王，恆轉正法。

若見王子，當願眾生，從法化生，而為佛子。
若見長者，當願眾生，善能明斷，不行惡法。
若見大臣，當願眾生，恆守正念，習行眾善。
若見城廓，當願眾生，得堅固身，心無所屈。
若見王都，當願眾生，功德共聚，心恆喜樂。
見處林藪，當願眾生，應為天人，之所歎仰。
入里乞食，當願眾生，入深法界，心無障礙。
到人門戶，當願眾生，入於一切，佛法之門。
入其家已，當願眾生，得入佛乘，三世平等。
見不捨人，當願眾生，常不捨離，勝功德法。
見能捨人，當願眾生，永得捨離，三惡道苦。

若見空缽，當願眾生，其心清淨，空無煩惱。
若見滿缽，當願眾生，具足成滿，一切善法。
若得恭敬，當願眾生，恭敬修行，一切佛法。
不得恭敬，當願眾生，不行一切，不善之法。
見慚恥人，當願眾生，具慚恥行，藏護諸根。
見無慚恥，當願眾生，捨離無慚，住大慈道。
若得美食，當願眾生，滿足其願，心無羨欲。
得不美食，當願眾生，莫不獲得，諸三昧味。
得柔軟食，當願眾生，大悲所熏，心意柔軟。
得粗澀食，當願眾生，心無染著，絕世貪愛。
若飯食時，當願眾生，禪悅為食，法喜充滿。

若受味時，當願眾生，得佛上味，甘露滿足。
飯食已訖，當願眾生，所作皆辦，具諸佛法。
若說法時，當願眾生，得無盡辯，廣宣法要。
從舍出時，當願眾生，深入佛智，永出三界。
若入水時，當願眾生，入一切智，知三世等。
洗浴身體，當願眾生，身心無垢，內外光潔。
盛暑炎毒，當願眾生，捨離眾惱，一切皆盡。
暑退涼初，當願眾生，證無上法，究竟清涼。
諷誦經時，當願眾生，順佛所說，總持不忘。
若得見佛，當願眾生，得無礙眼，見一切佛。
諦觀佛時，當願眾生，皆如普賢，端正嚴好。

見佛塔時，當願眾生，尊重如塔，受天人供。
敬心觀塔，當願眾生，諸天及人，所共瞻仰。
頂禮於塔，當願眾生，一切天人，無能見頂。
右遶於塔，當願眾生，所行無逆，成一切智。
遶塔三匝，當願眾生，勤求佛道，心無懈歇。
讚佛功德，當願眾生，眾德悉具，稱歎無盡。
讚佛相好，當願眾生，成就佛身，證無相法。
若洗足時，當願眾生，具足神力，所行無礙。
以時寢息，當願眾生，身得安隱，心無動亂。
睡眠始寤，當願眾生，一切智覺，周顧十方。
佛子！若諸菩薩如是用心，則獲一切勝妙功德！一切世間諸天、魔、梵、沙門、婆羅門、乾闥婆、阿修羅等，及一切聲聞、緣覺，所不能動。

（本文節錄自《華嚴經．淨行品》）

人間淨土 45

祈願·發願·還願

Praying, Making and Fulfilling a Vow

選編	法鼓文化編輯部
出版	法鼓文化
總監	釋果賢
總編輯	陳重光
插畫	劉建志
美術設計	化外設計
編輯	林蒨蓉
地址	臺北市北投區公館路186號5樓
電話	(02)2893-4646
傳真	(02)2896-0731
網址	http://www.ddc.com.tw
E-mail	market@ddc.com.tw
讀者服務專線	(02)2896-1600
初版一刷	2008年2月
二版一刷	2019年2月
建議售價	新臺幣120元
郵撥帳號	50013371
戶名	財團法人法鼓山文教基金會—法鼓文化
北美經銷處	紐約東初禪寺 Chan Meditation Center (New York, USA) Tel: (718)592-6593 Fax: (718)592-0717

法鼓文化

國家圖書館出版品預行編目資料

祈願・發願・還願 / 法鼓文化編輯部選編. -- 二版.
-- 臺北市 : 法鼓文化, 2019.02
面； 公分
ISBN 978-957-598-812-8（平裝）

1.佛教修持

225.7 108000095